Spookhuis

Spookhuis maakt deel uit van de *Schaduw-reeks* van Lezen voor Iedereen/Uitgeverij Eenvoudig Communiceren. De *Schaduw-reeks* is een serie spannende verhalen voor jongeren.

Lezen voor Iedereen/Uitgeverij Eenvoudig Communiceren

Nederland
Postbus 10208
1001 EE Amsterdam
Telefoon: 020-520 60 70
Fax: 020-520 60 61
E-mail: info@eenvoudigcommuniceren.nl
Website: www.eenvoudigcommuniceren.nl

België
Vergote Square 43
1030 Brussel
Telefoon: 02/737 97 84

Oorspronkelijke uitgeverij: © Evans Brothers Limited 2005
(een onderdeel van The Evans Publishing Group) London, UK.
De Nederlandse editie is verschenen onder licentie van Evans Brothers Limited. Alle rechten voorbehouden.
Auteur: Alan Durant
Oorspronkelijke titel: Doing the Double
Nederlandse vertaling: Simone Kramer
Bewerking vertaling: © Eenvoudig Communiceren
Omslagillustratie: Rob Walster
Omslagontwerp en vormgeving: Neon, Amsterdam
Druk: BalMedia

Uitgeverij Eenvoudig Communiceren, Amsterdam.
Eerste druk: september 2007
Tweede druk: mei 2008

ISBN/EAN 978 90 8696 026 2
NUR 286

Philip Preece

Spookhuis

LEZEN VOOR IEDEREEN
UITGEVERIJ EENVOUDIG COMMUNICEREN

Dit boek heeft het keurmerk Makkelijk Lezen.
Kijk voor meer informatie:
www.stichtingmakkelijklezen.nl.

De achtervolgers

Het is donker.
Sam rent door het park.
Hij hijgt hard.
Hij kan bijna niet meer.
Aan de rand van het park staat hij even stil.
Wat nu?
Vóór hem liggen weilanden.
Aan het eind van die weilanden ziet hij de
lichten van de kermis.
Het ziet er mooi uit.
Al die lichtjes in het donker.
Vanaf hier kan hij de muziek horen.

Was ik maar op die kermis, denkt Sam.
Dan was ik veilig.
Sam hoort voetstappen. Vlak achter hem.
Zij zijn vlakbij.
Wesley, Mehmet en Dennis.
Echte rotzakken zijn het.
Ze pakken je altijd als je alleen bent.

Sam kijkt naar de donkere weilanden
vóór hem.

Zou hij het halen?
'Hier is hij!'
'Hé jongens, kom op.'
Het geschreeuw klinkt steeds harder.

Hij rent weer verder.
Achter zich hoort hij de jongens lopen.
Ze schreeuwen niet langer.
Stil rennen ze achter hem aan.
En ze komen dichterbij.
Ze halen hem in!
Hij kan hun adem bijna voelen in zijn nek.
Sam rent en rent ...
Daar is de kermis!
Hij rent tussen twee woonwagens door.

Opeens staat hij in het licht van de kermis.
In de drukte.
Hij wringt zich langs de mensen.
Hij wil weg. Weg!
Weg van die jongens.
Hij wil in de kermis verdwijnen.

De mensen zijn hier echt een avondje uit.

Sommigen hebben een ballon of een
grote aap.
Die hebben ze gewonnen bij de schiettent.
Een paar meisjes dansen.
Naast de muziekboxen van de botsautootjes.
Jongens lachen.
Mensen genoeg hier op de kermis.
Maar Sam heeft zich nog nooit zo alleen
gevoeld.
Wat zal er gebeuren als die drie me te pakken
krijgen?, denkt hij.
Ik ben hier tussen de mensen.
Maar wie zal me helpen?

Sam loopt verder de kermis op.
Weg van zijn achtervolgers.
In de achtbaan gillen de mensen.
Lichten flitsen aan en uit.
Op de maat van de harde muziek.
Sam loopt snel door.
Hij kijkt om zich heen.
Overal zijn mensen.
Wesley en de anderen zullen hem nu
vast niet vinden.
Daar is het veel te druk voor.

Spookhuis

Sam gaat langzamer lopen.
Ik blijf hier gewoon een tijdje, denkt hij.
Pas als het veilig is, ga ik naar huis.
Hij loopt rond.
Tot hij bij een grote kraam komt.
Deze kraam ziet eruit als een huis.
Hij is helemaal zwart.
Sam vindt het er griezelig uitzien.
Op de voorkant van het huis staat in
rode letters:
Spookhuis.

Voor het spookhuis staat een klein podium.
Aan de zijkant flikkeren gekleurde vlammen.
Een man met een lange zwarte jas schreeuwt:
'Mensen, kom binnen! Pak uw kans!
Hier komen uw dromen tot leven.
Wij laten u zien wat u diep in uw hart wilt.'
Opeens komt er een meisje uit een gouden
deur het podium op.
Ze lacht.
En zwaait naar een paar vriendinnen.

'Ik heb het gezien!', gilt ze. 'Mijn geheime
droom.'
Haar vriendinnen giechelen.

Sam voelt dat hij naar voren wordt geduwd.
Plotseling staat hij voor het podium.
De man met de zwarte jas pakt Sams hand.
En trekt Sam naar boven. Het podium op.
'Kom maar', zegt hij. 'Hier ben je veilig.'
Uit zijn ooghoeken ziet Sam iets bewegen.
Wesley en de twee anderen komen aanlopen.
Ze gaan tussen de mensen staan.
Nu is hij erbij!
Ze hebben hem vast gezien.
Ze zullen hem zo te pakken nemen.

'Kijk eens aan', roept de man met de
zwarte jas.
De man heeft een zwarte snor en
donkere ogen.
En zijn huid is heel donker.
Die man is net zo zwart als de kraam,
denkt Sam.
'Kijk eens naar deze jongeman', zegt de man.

'Deze jongeman wil zijn dromen zien
uitkomen.
Je bent niet bang hé?'
Sam schudt zijn hoofd.

Plotseling staat er ook een mooi meisje
op het podium.
Ze heeft een felrode jurk aan.
'Dit is Lola', zegt de man. 'Mijn assistente.'
Lola lacht naar hen allebei.
'Zorg jij voor deze meneer, Lola!', zegt de man.
Lola pakt Sams hand.
Hij loopt met haar mee.
Maar ze gaat niet naar de gouden deur.
Ze duwt hem naar een deurtje aan de zijkant.
Dat deurtje had hij nog niet gezien.

'Die grote deur is voor gewone mensen',
fluistert de man in het zwart.
'Dit is een speciale deur.
Voor mensen met lef.
Voor mensen die echt hun dromen waar
willen maken.'

Opeens wordt Sam bang.
Wat is dat voor een deurtje?
Hij heeft helemaal geen lef.
Hij wil hier weg.
Hij wil van het podium af.
Maar hij wil niet dat iemand hem
een lafaard vindt.
Hij kijkt over zijn schouder.
Wesley, Mehmet en Dennis staan vlak voor
het podium.
Wesley steekt zijn vuist naar hem uit.

'Een speciale deur', zegt de man weer.
'Voor mensen zoals jij. Durf je het aan?'
Sam kijkt nog een keer achterom.
Dan loopt hij door de speciale deur.
Hij komt in een donkere ruimte.

Contract

Sam ziet niets.
Hij voelt dat hij naar een stoel wordt
gebracht.
Een leunstoel met grote kussens.
'Ga hier maar zitten', zegt de man.
Hij legt een zware hand op Sams schouder.
Sam zit heel stil.
Hij heeft geen idee wat er gaat gebeuren.
Dan licht er plotseling iets op.
Het is een tv-scherm.
'Nu!', zegt de man.

Sam ziet een jongen op het tv-scherm.
Hij rent over de weilanden.
Hij kijkt naar zichzelf!
Hij ziet hoe hij over de weilanden rende.
Een half uur geleden.
Met Wesley, Mehmet en Dennis achter zich
aan.
Sam kijkt naar zijn eigen gezicht.
Dat is extra groot op het scherm te zien.
Hij ziet er doodsbang uit.
'Hoe, ...?', begint hij.

'Verder kijken!', zegt de man.
Nu is Sam op school.
Een lerares is boos op hem.
Sam weet nog precies wanneer dat was.
Dat was gisteren.
Hij had een laag cijfer gehaald voor een
proefwerk.
Het laagste cijfer van de klas.
'Geen smoesjes', zegt de lerares.
'Als je zulke cijfers haalt, ben je gewoon lui.
Of heel dom, dat kan natuurlijk ook.'
De klas lacht.
Sam ziet weer zijn gezicht extra groot op
het scherm.
Er staan tranen in zijn ogen.
Hij ziet ook de gezichten van de anderen in
zijn klas.
Een paar jongens grijnzen.
Een meisje lacht hem uit.

Het beeld verandert weer.
Op het scherm ziet hij een donkere ruimte.
Met gekleurde lichten.
Dat herinnert hij zich ook. Het schoolfeest!
Daar was hij een paar dagen geleden.

Hij staat er helemaal alleen.
Terwijl alle anderen plezier hebben.
Hij ziet zichzelf naar een meisje toelopen.
Om met haar te dansen.
Hij ziet hoe ze naar hem kijkt.
Dan draait ze zich om.
Ze giechelt met haar vriendinnen.
Als hij eraan terugdenkt, wordt Sam rood.
Van schaamte.
Wat is hij stom geweest!
Dat was Lisa, het knapste meisje van de
school.
Alsof hij bij haar een kans zou maken ...

Het licht gaat aan.
Er is niets meer op het scherm te zien.
Sam is nog steeds rood.
Als de man het maar niet ziet.
Het is net of hij naar een nachtmerrie heeft
gekeken.
Maar dit was geen nachtmerrie.
Dit was echt.
'Niet echt leuk om te zien hé?', zegt de man.
'Nee', zegt Sam.
Hij weet wel dat hij niet populair is.

Maar dat hij zo'n sukkel is ...

De man gaat verder:
'Maar nu willen we je iets bijzonders laten
zien.
Wij hebben hier iets nieuws.
Een manier om al je dromen uit te laten
komen.'
Lola lacht naar Sam.
Ze klopt hem zachtjes op zijn arm.
Het licht gaat weer uit.

Op het tv-scherm is weer de klas van Sam
te zien.
Maar nu gebeurt er iets heel anders!
De lerares leest de cijfers van het
proefwerk op.
Dan komt ze bij Sams naam.
Hij kan het bijna niet geloven.
Maar hij heeft het hoogste cijfer van de klas!
Zijn klasgenoten kijken hem verbaasd aan.
De lerares zegt dat hij heel slim is.
De hele klas klapt voor hem.
Het geluid dreunt in zijn oren.
Het lijkt wel of het steeds harder wordt.

Dan ziet Sam weer het schoolfeest op het
scherm.
Hij ziet Lisa, het meisje waar hij verliefd op is.
Het meisje dat hem uitlachte.
Maar nu komt ze naar hem toe.
Ze zegt: 'Wat goed, dat je de beste van
de klas was.'
Ze lacht naar hem.
Zelfs haar vriendinnen lachen naar hem.
Dan ziet hij de gezichten van een paar
jongens.
Ze zijn jaloers. Dat is duidelijk.
Hij heeft het helemaal gemaakt!

Weer een ander beeld: het schoolplein.
Daar zijn Wesley, Mehmet en Dennis.
Ze komen recht op hem af.
En iedereen staat te kijken.
Sam duikt in elkaar.
Dit gaat mis!
Maar dan ziet hij Wesley op de grond liggen.
Hij kreunt van de pijn.
Iedereen lacht.
En de twee anderen rennen weg.
Een paar jongens kloppen Sam op de rug.

'Goed gedaan', zeggen ze. 'Goed gedaan,
goed gedaan, goed gedaan ...'

Als het licht aangaat, knippert Sam met zijn
ogen.
'Zo zou het kunnen zijn, Sam', zegt de man.
'Zo zou jouw leven kunnen zijn.
Wij kunnen al jouw geheime dromen laten
uitkomen.'
'Echt waar?', vraagt Sam.
Dit is wat hij wil.
Hij wil de jongen zijn die hij net op het scherm
zag.
Niet de jongen die hij echt is. Niet die sukkel.
'Wat moet ik ervoor doen?', vraagt Sam.
Opeens wordt Sam bang.
Hij is niet gek!
Deze man gaat hem vast niet zomaar helpen.
'Wat zit eraan vast?', vraagt hij.
'Bijna niets', zegt de man.
'Wij zijn er om je dromen waar te maken.
We vragen er maar heel weinig voor.'

'Hoeveel kost het?', vraagt Sam.
Hij twijfelt nog steeds.

Hoe moet hij die man betalen?
Hij heeft geen bijbaantje. Niet eens een
krantenronde.
'Om al je dromen waar te maken?',
zegt de man.
'O, niet meer dan af en toe een paar minuten
van je tijd.'
Dat is niet veel, denkt Sam.
'Ja, een paar minuutjes maar', zegt de man.
'Je hebt je hele leven nog voor je.
Af en toe een minuutje zul je echt niet
missen.'
'Maar wat wilt u dan met die tijd?',
vraagt Sam.
'Ach, daar moet je niet over nadenken',
zegt de man.
Voor jou is het niets die paar minuten.
Maar wij kunnen die tijd goed gebruiken.'

Het tv-scherm gaat weer aan.
Sam is in beeld.
En hij kijkt heel blij.
Hij ziet eruit alsof hij iedereen aankan!
Hij denkt weer aan Lisa.

Lisa die naar hem lachte.
'Oké', zegt hij. 'Wat moet ik doen?'
'Alleen maar je handtekening zetten.'
De mooie assistente glimlacht naar Sam.
Ze houdt een groot boek voor hem open.
Dan geeft ze hem een pen.
Een lange veer is het, met een scherpe punt.
'Voorzichtig', zegt de man.
'Die pen is scherp. O!, te laat.'
Sam voelt een snijdende pijn.
'Au!', roept hij.
Hij heeft zijn vinger gesneden.
Aan de punt van de veer.
'Geeft niks', zegt de man.
'Nou, zet hier maar je handtekening.
Dan is alles geregeld.'
Hij wijst naar een stippellijn onderaan de
bladzijde.

Het papier is dik en stevig.
Er staan rare ouderwetse letters op.
'Dit is een contract', zegt de man.
'Wij moeten er allebei onze handtekening
opzetten.

Dan hebben wij een afspraak.
Dan zullen wij jouw dromen laten uitkomen.
Zet je handtekening maar.
Ik heb mijn handtekening er al opgezet.'
Sam knikt.

Sam zet zijn handtekening.
De inkt is zo rood als bloed. Hij schrikt ervan.
Maar de man slaat het boek dicht.
'Dank je wel', zegt hij.
'Is het zo goed?', vraagt Sam.
'O ja, zo is het goed.' De man lacht.
Hij heeft lange witte tanden.
Sam moeten even aan een wolf denken.

De assistente helpt Sam uit de stoel.
En brengt hem naar de deur.
De man pakt hem bij zijn schouder.
Sam kijkt naar zijn lange dunne vingers.
Het doet niet echt pijn.
Maar hij krijgt toch een naar gevoel.
Het wordt even donker. En weer licht.
Opeens staan ze weer op het podium.
In het felle licht van de kermislampen.

Sam kijkt naar de man.
Waarom voelde zijn hand zo naar?
Had hij zijn handtekening wel op dat contract
moeten zetten?

Droom

De volgende dag gaat Sam naar school.
Net als altijd.
Wat er gisteren gebeurd is, lijkt nu wel
een droom.
In het laatste uur denkt hij er al bijna niet
meer aan.
Twee dagen geleden hebben ze een proefwerk
voor wiskunde gehad.
De leraar leest de cijfers op.
Sam luistert niet echt.
Hij weet toch wel dat hij het verknald heeft.
Hij had veel te weinig aan zijn huiswerk
gedaan.

Maar wat gek!
Het gaat net als in die droom.
Hij heeft het hoogste cijfer van allemaal!
Jongens draaien zich naar hem om.
Meisjes lachen naar hem.
De lerares feliciteert hem.
Net als gisteravond op de tv-schermen.
En opeens begint de hele klas voor hem
te klappen.

Als de les is afgelopen, wil hij snel naar huis.
Hij wil zijn ouders vertellen over zijn cijfer.
Een paar jongens kloppen hem nog op de rug.
In de gang en op het schoolplein.
Ze vinden hem geweldig.

Sam rent naar huis, zo hard als hij kan.
Juichend komt hij de keuken binnen.
Daar staat zijn moeder.
'Niet te geloven, mam', roept hij.
'Ik was de beste bij wiskunde!'
Zijn moeder geeft geen antwoord.
'Iedereen klapte', zegt hij.
'Het was fantastisch!'
Nog steeds zegt zijn moeder niets.
Hij kijkt eens goed naar haar.
Haar ogen zijn rood.
Het lijkt wel of ze gehuild heeft.

'Wat heb je?', vraagt Sam.
'Ik moet je iets vertellen', zegt zijn moeder.
'Er is iets met Jip.'
Jip is de hond van Sam.
Hij heeft haar gekregen toen ze nog
een pup was.

Jip was toen zes weken oud.
'Ze is onder een auto gekomen', zegt zijn
moeder.
'Ik begrijp niet hoe ze buiten kwam.'

Sam voelt zijn blijdschap verdwijnen.
Dit kan toch niet waar zijn?
Hij luistert niet goed naar wat zijn moeder
nog meer vertelt.
Hij hoort alleen dat Jip in de dierenkliniek is.
'Wordt ze weer beter?', vraagt hij.
'Dat weet de dierenarts niet.'
Zijn moeder legt een hand op zijn arm.
'Hij zei dat het er niet goed uitzag.
Jip is heel zwaar gewond.
Het kan best zijn dat ze doodgaat.'
Sam weet niet wat hij moet zeggen.
Net was hij nog de gelukkigste jongen van
de wereld.
En nu, één minuut later, voelt hij zich zo
ongelukkig.
Wat kan er in één minuut veel gebeuren.

Die avond voelt hij zich slecht.
Hij mist Jip.

Na het eten gaat hij altijd een stuk wandelen
met zijn hond.
Nu kijkt hij naar een programma op televisie.
Maar hij moet steeds aan Jip denken.
Hij heeft er een vervelend gevoel over.
Alsof het zijn schuld is dat Jip onder een auto
is gekomen.

De volgende dag staat hij op het schoolplein.
Daar gebeurt iets waar hij al bang voor was.
De drie rotzakken komen op hem af.
Wesley voorop!
Hij grijnst vals.
'Je dacht dat je kon ontsnappen hè,
gisteravond', roept Wesley.
'Nou jongen, vandaag ben je aan de beurt!'
Hij slaat tegen Sams borst.
Mehmet en Dennis grinniken.
De halve school staat te kijken.
En opeens ...

Sam weet niet goed wat er gebeurd is.
Maar Wesley ligt plat op zijn rug.
Hij snakt naar adem.
Iedereen begint te lachen.

Mehmet en Dennis staan er met open
mond bij.
Ze begrijpen er niets van.
Wesley is de sterkste jongen van de hele
school!
En nu heeft Sam hem neergeslagen.
Dan rennen ze weg.
Wesley springt op, en rent achter hen aan.
Iedereen komt om Sam heen staan.
Ze feliciteren hem allemaal.
Het is fantastisch.
Hij is een held. Ook al heeft hij eigenlijk niets
gedaan.
Want hij herinnert zich niet dat hij Wesley
heeft geslagen.
Maar iedereen denkt dat Sam Wesley een klap
heeft gegeven.
Iedereen vindt Sam geweldig.
Hij is in één klap populair.
En dat voelt goed. Heel goed!

Maar op weg naar huis denkt Sam weer
aan Jip.
Zou zij al een beetje beter zijn?
Thuis ziet hij iets vreemds.

Zijn vader is al thuis.
Zijn vader en moeder zitten aan tafel.
Meestal komt zijn vader pas veel later thuis.
Het is stil in de kamer.
Zijn ouders praten niet.
En zijn vaders gezicht staat somber.
Sam krijgt een raar gevoel in zijn maag.

'We hebben slecht nieuws', zegt zijn moeder.
'Is ... is Jip ...?'
Sam durft zijn moeder niet aan te kijken.
Hij is zo bang voor vreselijk nieuws.
'Nee, Jip is nog in de kliniek', zegt zijn moeder.
'Er is niets veranderd.
Het gaat om je vader.
Hij heeft geen werk meer. Hij is ontslagen.'
Sam kijkt naar zijn vader.
Zijn hoofd is gebogen.
Hij ziet er slecht uit.
Hoe moet dat nou verder?, denkt Sam.

Die avond is het stil in huis.
Sam heeft een hoop om over na te denken.
Hij gaat vroeg naar bed. Maar hij ligt uren
wakker.

Hij denkt aan het spookhuis.
Aan het contract dat hij getekend heeft.
Af en toe een paar minuten van zijn tijd ...
Dan zouden al zijn dromen uitkomen.
Dat is geen hoge prijs.
Wat zijn een paar minuten nou?
Maar wat doen ze in het spookhuis eigenlijk
met zijn tijd?
De man in het zwart zei dat ze die tijd goed
zouden gebruiken.
Wat bedoelde hij daar precies mee?
Het lijkt nu wel of er in die paar minuten
steeds iets slechts gebeurt.
Jip die een ongeluk krijgt.
En zijn vader die wordt ontslagen.
Allemaal slechte dingen die in een paar
minuten gebeuren.
Zou dat het zijn?
Zou het spookhuis zijn minuten voor slechte
dingen gebruiken?
Sam voelt zich misselijk.
Wat zal er hierna nog allemaal gebeuren?
Hij durft er niet aan te denken.

De dag daarna komt een meisje naar Sam toe.
'Hoi', zegt ze.
Het is Lisa, het knapste meisje van de school.
Het meisje waar hij verliefd op is.
Hij wil al heel lang met haar uit.
Maar op het schoolfeest heeft ze hem
laten stikken.
Dat weet hij nog heel goed.
Ze had hem gewoon uitgelachen.
'Je hebt die hufters goed aangepakt.
Ik vond het geweldig!', zegt ze.
Ze glimlacht naar hem.
Het is net alsof ze hem aardig vindt.

Sam rilt.
Het gaat weer net zoals hij het in
het spookhuis heeft gezien.
Op het tv-scherm.
Lisa doet niet zomaar zo aardig tegen hem.
Een paar dagen geleden zag ze hem niet
eens staan.
Zonder iets te zeggen, loopt hij weg.
Straks is er weer iets gebeurd!
Met zijn vader of zijn moeder ...

Na elke droom die uitkomt, lijkt er ook iets slechts te gebeuren.
Het lijkt wel of er dan een nachtmerrie uitkomt.
Met trillende benen loopt hij naar huis.
Hij is zo bang dat er iets is gebeurd.

Dicht

Als Sam thuiskomt, ziet hij zijn moeder
nergens.
Zijn vader is er wel.
'Waar is mama?', vraagt Sam.
'Ze moest naar het ziekenhuis', zegt zijn vader.
Sam krijgt een heel naar gevoel.
Net of zijn hart wordt vastgepakt door een
sterke hand.
'Oma is opeens erg ziek geworden.
En de artsen denken dat ze ...'
Zijn vader maakt de zin niet af.

Nu weet Sam zeker dat er iets helemaal
fout is.
En dat het te maken heeft met het spookhuis.
Welke nachtmerries zullen er nog meer
uitkomen?
Hij probeert er niet aan te denken.
Maar het lukt niet.
Hij heeft zijn handtekening gezet in dat
dikke boek.
En daarna zijn al zijn dromen uitgekomen.

Precies zoals de man in het zwart hem heeft
beloofd.
Maar er zijn ook vreselijke dingen gebeurd:
Met zijn hond en zijn vader. En nu ook nog
met zijn oma!
Waarom heeft hij dat contract ook
ondertekend?
Het spookhuis dat zijn dromen zou laten
uitkomen.
Zonder dat hij er zelf wat voor hoefde te doen.
Dat leek zo makkelijk.
Maar hij had er toch ook zelf voor kunnen
zorgen?
Hij had zelf Wesley eens terug kunnen slaan.
En hij had gewoon eens zijn huiswerk kunnen
maken.
En zelf een hoog cijfer kunnen halen.

Succes hebben ...
Misschien is het wel makkelijker dan hij altijd
heeft gedacht.
Maar nu is hij alleen maar bang.
Voor wat er nog meer kan gebeuren.
Hij hoeft geen succes meer.

Hij zou wel helemaal opnieuw willen
beginnen.
Dan zou hij er zelf voor zorgen dat zijn
dromen uitkomen.
Maar dat kan niet.
Niet zolang dat contract er is.
Er komt een nare gedachte bij hem op:
Ik moet terug naar de kermis.
Terug naar het spookhuis.
Ik moet van dat contract af.

Na het eten wil zijn vader samen met hem
naar het ziekenhuis.
Naar oma.
Maar Sam moet steeds aan de kermis denken.
Aan de man in het zwart.
En aan het contract dat hij heeft getekend.
Hij vindt het verschrikkelijk dat oma zo ziek is.
Maar het is zíjn schuld!
Als hij niet naar het spookhuis was gegaan,
zou oma niet ziek zijn.
Hij moet een eind maken aan dit gedoe.
Nu, meteen!

Hij moet naar die man toe gaan.
En alles uitleggen.
Hij moet van het contract af.
Dan houden al die vreselijke dingen wel op.

'Ik kan niet mee', zegt Sam tegen zijn vader.
'Ik heb te veel huiswerk.'
Zijn vader kijkt hem lang aan.
Hij knijpt zijn ogen een beetje dicht.
Dan zegt hij:
'Maar je oma is heel ziek. Ze ligt in het
ziekenhuis.
Je oma is nu toch zeker belangrijker dan je
huiswerk.
Dat begrijpen ze op school heus wel.
En denk eens aan je moeder.
Zij wil je ook wel graag zien.
Laat dat huiswerk vanavond maar zitten.
Zo belangrijk is het toch niet?'

'Jawel!', zegt Sam.
'Het moet morgen af zijn.
Ik heb beloofd dat ik het zou maken.
Als ik het niet doe, heb ik een probleem.

Eigenlijk had ik het vorige week al moeten inleveren.'

'Ja, ik weet het niet ...', begint zijn vader.

Zijn vaders stem klinkt een beetje boos.

'Ik weet niet wat je moeder ervan zal zeggen.

Maar ik heb geen tijd om er nog langer over te praten.'

Hij kijkt Sam aan.

Sam heeft het gevoel dat zijn vader door hem heen kijkt.

Alsof zijn vader weet van zijn plannen.

Maar gelukkig ...

Zijn vader loopt de kamer uit.

Even later hoort Sam de voordeur dichtslaan.

Door het raam ziet hij zijn vader in de auto stappen.

Sam blijft alleen achter.

Hij is opgelucht.

Zijn vader zit altijd maar achter hem aan.

'Doe dit, doe dat ...'

En zijn moeder trouwens ook.

Zijn ouders doen net of hij nog een kind is.

Hij wordt er vaak genoeg boos om.

Geen van zijn vrienden heeft zulke ouders.
Ouders die zich altijd met je bemoeien.
Maar nu heeft hij geen tijd om erover na te denken.
Eerst moet hij zorgen dat alles weer goed komt.

Hij wacht tot de auto de straat uit is.
Dan pakt hij zijn jas.
Buiten is het al donker.
Hij begint meteen te rennen.
Hij moet eerder terug zijn dan zijn ouders.
Anders heeft hij een probleem.
Hij moet dit zo snel mogelijk regelen met de man van het spookhuis.
Hopelijk geeft de man hem snel zijn zin.
Dan zijn de problemen voorbij!
Dan wordt Jip weer beter.
En oma ook. En zijn vader vindt ander werk.

Op de kermis is het weer heel druk.
Er is harde muziek.
En mensen gillen in de achtbaan.
Maar het klinkt niet alsof ze plezier hebben, vindt Sam.

Het klinkt alsof ze bang zijn.
Misschien hebben wel meer mensen een
contract bij het spookhuis.

Sam loopt de hele kermis over.
Eindelijk, daar is de kraam van het spookhuis!
In de verste hoek van het kermisterrein.
Maar hij ziet meteen dat er iets mis is!
Op het podium brandt geen licht.
Hij loopt naar de kraam toe.
Wat is er met die kraam gebeurd?
Er is geen trap meer naar het podium.
En voor de ingang zijn planken getimmerd.
Hoe kan dat nou zo snel gebeurd zijn?

Sam heeft het opeens koud.
Hij draait zich om.
Misschien is er iemand die hier meer
van weet.
Vlakbij is een kraam met spelletjes.
'Mag ik wat vragen, meneer', vraagt Sam aan
de man in de kraam.
'Wat is er met het spookhuis gebeurd?'
De man kijkt hem aan alsof hij gek is.

'Het spookhuis is dicht', zegt de man.
'Maar ik was er een paar dagen geleden nog',
zegt Sam.
De man haalt zijn schouders op.
'Misschien heb je dat gedroomd.'

Sam rilt.
Was het maar een droom.
Had het spookhuis maar nooit echt bestaan.
Hij weet zeker dat hij er wél is geweest.
Hij weet nog precies hoe de man in het zwart
eruitzag.
En alles wat daarna is gebeurd is ook echt!
Hoe komt hij nou van dat contract af?
Hij móet die man in het zwart spreken.
Hoe dan ook!
Sam heeft geen keus.
Hij moet dat contract terugkrijgen.
Later op de avond, als de kermis leeg is ...
Dan gaat hij hier inbreken.
Het moet!

Thuis zijn alle lichten aan.
Sam schrikt.
Zijn ouders zijn al thuis.

Hij is langer op de kermis geweest dan
hij dacht.
Als hij de gang inkomt, hoort hij zijn vader.
'En nog liegen ook! Dat maakt het nog erger',
schreeuwt zijn vader.

Sam doet de deur van de huiskamer open.
Zijn vader draait zich om.
'Waar was je?', schreeuwt hij.
Maar hij wacht niet op Sams antwoord.
'We waren verschrikkelijk ongerust!',
gaat zijn vader verder.
'Ik dacht dat jij je huiswerk moest maken?'
Sam kijkt naar zijn moeder.
Ze zit aan tafel.
Haar hoofd ligt op haar armen.

Zijn vader schreeuwt verder:
'Vertel maar eens waar je bent geweest.
Zo laat op de avond!'
Sam haalt diep adem.
'Ik ben naar de kermis geweest en ...',
begint hij.
Maar zijn vader laat hem niet uitpraten.
Hij slaat met zijn vuist op de tafel.

'De kermis?
Je bent naar de kermis geweest?
Loltrappen, terwijl je oma in het ziekenhuis
ligt?
Net iets voor jou. Jij denkt alleen aan jezelf!'

Dat is niet waar, denkt Sam.
Ik denk ook aan andere mensen.
Maar hoe moet ik het uitleggen?
Hij doet zijn mond open, maar er komt
niets uit.
Hij wil zeggen dat hij iedereen wil helpen.
Hij probeert er juist voor te zorgen dat er met
niemand meer iets ergs gebeurt.
Maar hoe moet hij vertellen van het
spookhuis?
En van het contract dat hij getekend heeft.

'Het is nu wel duidelijk', zegt zijn vader.
'We zijn niet streng genoeg geweest.
Vanaf vandaag blijf je twee weken binnen.
Na school kom je meteen terug naar huis.
Je hebt huisarrest.'
Huisarrest?, denkt Sam.
Dat kan helemaal niet.

Dan kan hij niet terug naar de kermis.
Hij moet die man spreken.

'Luister nou ...', begint hij.
Maar wat moet hij zeggen?
Hoe kan hij vertellen wat er aan de hand is?
Dat hij wel naar de kermis moet.
Om hen te redden van nog veel ergere dingen.
Dingen die misschien nog gaan gebeuren.
Eindelijk tilt zijn moeder haar hoofd op.
Ze kijkt hem recht aan.
Zó bedroefd.
Kon ik het maar uitleggen, denkt hij.

Verdrietig gaat hij naar zijn kamer.
Er zit maar één ding op, denkt hij.
Ik wacht tot iedereen slaapt.
Dan ga ik terug naar de kermis.
Naar het spookhuis.
Ik zal een hamer meenemen.
Om de ingang open te krijgen.
Het is mijn laatste kans.

Inbreken

Op zijn kamer wacht Sam tot zijn ouders in
bed liggen.
Dan sluipt hij het huis uit. De donkere
nacht in.
Hij loopt over de lege weilanden.
In de verte ziet hij de kermis.
Maar daar is het nu ook donker.

De achtbaan lig er stil bij.
Er is niemand meer op de kermis.
Wat een verschil met de drukte overdag
en 's avonds!
Toch is het alsof hij niet helemaal alleen is.
Hij heeft het gevoel dat iemand naar
hem kijkt.
Vanuit de dichte kermiskramen.
Hij trekt de kraag van zijn jas omhoog.
En loopt verder.
Eindelijk komt hij bij het spookhuis.
Zijn voetstappen klinken luid.

Hij haalt de hamer uit zijn rugzak.
En slaat met de hamer tegen de planken.

De planken die voor de ingang zijn
getimmerd.
Eerst lukt het niet.
Maar dan komen ze toch los.
Met veel gekraak.

De deur gaat nu open.
Sam gaat naar binnen.
Het is er pikdonker.
Nog donkerder dan buiten.
Sam doet een paar stappen.
Dan is er plotseling een fel licht bij
zijn voeten.
Hij voelt zijn voeten warm worden.
Het is een vlam!
En nog een.
En nog een!
Overal om hem heen zijn vlammen.
Waar komen die ineens vandaan?
Uit een donkere hoek komt een harde lach.
Het is de man in het zwart.

'Aha, Sam', zegt hij. 'Dus je hebt ons gevonden.
Welkom! Wat kunnen we voor je doen?'
'Ik ... ik wil mijn contract terug', zegt Sam.

'Maar Sam, we hebben een afspraak.
Heb je niet gekregen wat we beloofd hadden?'
De man lacht.
Sam kijkt naar zijn lange tanden. Hij moet
weer aan een wolf denken.
'Ja. Maar ...', begint Sam.
Hij wil zeggen dat het niet eerlijk gegaan is.
Dat er niet alleen goede dingen gebeuren.
Maar ook slechte dingen.
Hij weet niet hoe hij dat moet zeggen.

Het wordt steeds lichter in het spookhuis.
Middenin ziet Sam een groot gat.
Er komt heel veel rook uit.
Hij loopt iets dichter naar het gat toe.
Als hij aan de rand staat, ziet hij dat het
heel diep is.
Helemaal beneden brandt een vuur.

Ineens komt Lola uit het gat naar boven.
Het lijkt wel alsof ze zweeft.
Om haar heen hangen wolken van rook.
Maar dan ziet Sam dat ze omhoog klimt.
Ze klimt omhoog op een steile trap.

In haar hand heeft ze het boek met het
contract.
Als ze boven is, geeft ze het boek aan de man.
Ze glimlacht naar Sam.
Het is net of haar felrode jurk in brand staat.
Dan gaat ze de trap weer af.

De man in het zwart doet het boek open.
Hij slaat een paar bladzijden om.
Sam ziet heel veel namen staan.
Allemaal in die bloedrode inkt.
Dat zijn vast allemaal contracten, denkt Sam.
Ze zien er net zo uit als dat van hem.
'Waar is het? O, ja, hier.'
De man laat de bladzijde aan Sam zien.
'Kijk. Dat is jouw handtekening toch?'
Je hebt die handtekening zelf gezet.

'Ja, maar ...', zegt Sam.
'Je hebt je handtekening gezet.
Je komt niet van dit contract af.
Niet zolang jouw handtekening hier staat.'
De man wil het boek dichtdoen ...
Dit is mijn kans!, denkt Sam.

Hij grijpt naar het boek.
Naar de bladzijde met zíjn contract.
Zijn vingers klemmen het dikke papier vast.
Hij houdt vast. Hij moet het hebben!
Hij moet de bladzijde uit het boek scheuren.
Met handtekening en al!
Maar de man trekt ook heel hard.
Hij trekt Sam een stuk met zich mee.
Naar het gat toe.

Ze staan nu naast het gat.
Sam hoort het vuur beneden branden.
Hij weet dat hij moet oppassen.
Maar hij wil ook zijn contract terug.
Koppig houdt hij het papier vast.
Hij wordt steeds dichter naar het vuur
getrokken.

Dan voelt hij het papier scheuren.
Hij rukt nog een keer.
Er schiet iets los!
De man in het zwart valt.
Hij valt naar achteren.
Hij probeert zich ergens aan vast te grijpen.
Maar hij glijdt steeds verder. Naar het gat toe.

Dan gilt hij.
En valt in het gat.
Even later klinkt er een afschuwelijke
schreeuw.

Sam kijkt geschrokken naar het gat.
Hij loopt naar de rand.
Hij ziet het vuur beneden branden.
De man in het zwart is verdwenen.
Met het boek en het contract.
'Nu zit ik de rest van mijn leven aan het
contract vast', denkt Sam.
Hij probeert er niet aan te denken wat er met
de man is gebeurd.
Plotseling komen de vlammen uit het gat
omhoog.
De vlammen komen tot boven zijn hoofd.
Hij moet hoesten van al die rook.

Als hij zich omdraait is de rook overal om
hem heen.
Hij ziet bijna niets meer.
Hoe moet hij hier nu uitkomen?
In de rooklucht probeert hij de deur te vinden.
Maar plotseling staat hij midden in het vuur.

Hij krijgt bijna geen lucht meer.
Ik móet de uitgang vinden!, denkt Sam.
Ik wil niet dood!
Hij draait zich om ...
Hij ziet niets.
Overal is rook en vuur.
Hij stikt bijna.
Dan voelt hij dat hij valt ... en valt ... en valt ...

Geluk

Sam loopt rond in een doolhof.
Het is donker om hem heen.
Toch ziet hij een lichtje.
Verderop.
Het licht wordt steeds sterker.
Hij gaat eropaf.
Dan hoort hij zijn naam roepen.
En nog een keer.
En nog eens.
Hij doet zijn ogen open ...

Hij ligt buiten.
Op de koude vochtige grond.
Het is al licht buiten.
Sam kijkt op zijn horloge.
Het is twaalf uur.
Hoe kan de tijd nou zo snel zijn gegaan?

Sam komt overeind.
Daar is het spookhuis!
Of eigenlijk: de resten ervan.
Het is bijna helemaal afgebrand.
Er is alleen nog wat van het podium over.

Wat een geluk dat hij er op tijd is uitgekomen.
Overal staan brandweermannen.
Ze proberen het vuur te blussen.
Maar voor het spookhuis is het al te laat.
Dat is nu helemaal afgebrand.

Groepjes mensen staan te kijken.
En opeens ziet Sam zijn moeder!
En zijn vader!
Zijn vader kijkt kwaad.
Zijn moeder alleen maar opgelucht.
Ze zijn hem vast gaan zoeken.
Toen ze zagen dat hij niet in zijn bed lag.
'Hoe durf je …', begint zijn vader.
'Nu niet', zegt zijn moeder tegen hem.
'Hoe hebben jullie me gevonden?', vraagt Sam.
'Je bed was vanochtend nog opgemaakt',
zegt zijn moeder.
'Daar had je vannacht dus niet in geslapen.
En toen dachten we wel dat je hierheen
was gegaan.
Ik ben zo blij dat het goed met je gaat.'

Met zijn drieën kijken ze naar het afgebrande
spookhuis.

'Er is goed nieuws', zegt zijn moeder.
'Ik heb net nog gebeld met het ziekenhuis.
Oma is niet meer zo ziek.
De dokter weet zeker dat ze weer beter
wordt.'
'En de dierenarts belde op', zegt zijn vader.
'Jip mag vandaag naar huis.'
'En je vader heeft ook nog zijn baan terug.'
Zijn moeder kijkt Sam tevreden aan.
'Hij heeft het vanochtend gehoord', zegt ze.
'Ja, maar niet gewoon mijn oude baan', zegt
zijn vader.
'Het bedrijf gaat uitbreiden.
En ik krijg ander werk. Leuker werk
En ik word nog beter betaald ook.
Eindelijk geluk, in plaats van al die pech.'
Zijn vader lacht. Voor het eerst sinds dagen.

Sam kijkt naar zijn hand.
Daar zit een stukje papier in.
Het is van een grote bladzijde gescheurd.
Een bladzijde uit een groot boek.
In rode inkt staat zijn naam erop geschreven.
Het contract!

Zijn handtekening staat niet meer op het contract.
Dat betekent dat hij er van af is.
Eindelijk is hij van het contract af.
Hij kijkt nog een keer naar het papiertje in zijn hand.
Dan ziet hij dat het steeds kleiner wordt.
En ineens ligt er alleen nog maar wat as in zijn hand.
Het papier is verbrand. Net als het spookhuis.
De as waait weg.

Er komt een groep kinderen aanlopen.
Ze hebben op school gehoord van de brand op de kermis.
Tussen de middag wilden ze dat wel eens zien!
Lisa is er ook bij.
Ze komt meteen naar Sam toe.
'Ik ben blij dat je oké bent', zegt ze.
En ze slaat een arm om hem heen.
Sam zucht heel diep.
Van opluchting.
Alles komt goed.

En Lisa doet nog steeds aardig tegen hem.
Zomaar.
Zonder dat hij daar een paar minuten voor
heeft betaald.

Na een halfuur gaan Lisa en de anderen weer
naar school.
'Kom, we gaan naar huis', zegt zijn moeder.
Hij hoeft vandaag niet naar school.
Ze gaan zo eerst bij oma op bezoek in het
ziekenhuis.
En daarna Jip ophalen bij de dierenkliniek.
Ze lopen het kermisterrein af.

De laatste avond

De volgende dag op school komt Lisa meteen
weer naar Sam toe.
Ze vraagt of hij meegaat naar de kermis.
Het is de laatste avond dat de kermis er is.
Eigenlijk heeft Sam niet zoveel zin.
De kermis doet hem denken aan
het spookhuis.
En hij wil daar nooit meer aan denken.
Maar hij wil natuurlijk wel graag iets
met Lisa doen.
Dus hij zegt dat hij meegaat.
Dat mag gelukkig ook van zijn ouders.
Want hij heeft geen huisarrest meer.
Zijn ouders vonden dat hij dat niet meer
verdiende.
Er waren al genoeg nare dingen gebeurd.

Sam vindt het fantastisch op de kermis.
Hij heeft niet eens tijd om aan het spookhuis
te denken.
Lachend en gillend zitten ze in de achtbaan.
Ze eten suikerspinnen.

En winnen knuffels en spelletjes.
Pas laat in de avond lopen ze naar de uitgang.

Maar opeens blijft Sam staan.
Hij kan zijn ogen niet geloven!
Tussen twee kramen door ziet hij iets zwarts.
Het is een kraam die eruitziet als een huis.
Een zwart huis.
'Spookhuis' staat er in grote rode letters op.
En dan ziet hij ook het podium.
De man in het zwart staat op het podium.
Hij legt zijn hand op de schouder van een
jongen.
Dan ziet Sam wie de jongen is.
Het is Wesley!
Wesley wordt naar het deurtje gebracht.
Aan de zijkant van het podium.
Het deurtje waar Sam ook doorheen is
gegaan.
Wesley glimlacht als hij door het deurtje
stapt.

Sam rilt.
Hij weet zeker dat de man in het zwart naar
hem kijkt.

De man lacht.
En Sam ziet zijn lange tanden.
Het is net alsof de man wil zeggen:
Er zijn altijd mensen die denken dat ze
zomaar iets krijgen.
Mensen die hun dromen willen laten
uitkomen.
Zonder dat zij daar wat voor willen doen.
Wij laten ze daarvoor tekenen.
Elke dag weer!

De *Schaduw-reeks* is een serie spannende verhalen voor jongeren. Over de schaduwzijde van het alledaagse leven. Jongeren in bijna onmogelijke situaties. Komen ze eruit? Zetten ze door of haken ze af?

Deze vertalingen van befaamde thrillerschrijvers, die speciaal hebben geschreven voor de Schaduw-reeks, lees je in één ruk uit!

Alan Durant **Dubbelspel**
De tweelingbroers David en Sven lijken veel op elkaar. Hun vader is een beroemde voetballer. Omdat David problemen heeft, móet Sven stiekem zijn plaats innemen in het voetbalelftal. Kan dat wel?

64 pagina's
ISBN 9789086960248

Anne Cassidy **Met eigen ogen**
Voor de ogen van Tim wordt een winkel overvallen. Hij herkent de dader!
Zal hij hem 'verraden', of niet?
Sommige mensen hebben er alles voor over om Tim tegen te houden.

60 pagina's
ISBN 9789086960231

Philip Preece **Spookhuis**
Sam is niet gelukkig met zichzelf. Als hij op de kermis de kans krijgt zijn imago in ruil voor af en toe een beetje van zijn tijd te verbeteren, denkt hij de deal van zijn leven te sluiten ...

60 pagina's
ISBN 9789086960262

De *Reality Reeks* is een serie boeken voor en over jongeren. Ieder boek vertelt een spannend verhaal over onderwerpen waarmee jongeren te maken kunnen krijgen: homoseksualiteit, zwangerschap, loverboys, incest, overmatig drankgebruik, geweld. Regelmatig verschijnen er nieuwe boeken in deze serie met nieuwe thema's.

Bij elk nieuw deel verschijnt een lesbrief. Deze kunt u downloaden op **www.eenvoudigcommuniceren.nl**. Hier kunt u ook de eerste tien pagina's inkijken.

Chatten
Verborgen verdriet
ISNB 9789086960071

Mooi meisje
Verliefd op een
loverboy
ISBN 9789086960057

Hey Russel!
Een bijzondere
vriendschap
ISBN 9789086960064

Met alle geweld
In één klap alleen
ISBN 9789086960194

16 & zwanger
Wat nu?
ISBN 9789086960101

Blauwe Maandag
Door drank uit elkaar?
ISBN 9789086960040